媽媽，我從哪裏來？

湖心 著
果子 繪

新雅文化事業有限公司
www.sunya.com.hk

人物介紹

小猛獁

寶森

逗趣，幽默，是班裏的
開心果，很會關心照顧人。

劉小朗

做事認真，熱愛學習。

小薪

性格爽朗，做事粗心大意。

小魚兒

性格小心謹慎。

瑤瑤

可愛恬靜，害羞，
容易臉紅。

核桃、芝麻

調皮搗蛋，好奇心強，
觀察力強。

甜甜

開朗爽快，充滿運動細胞。

寶森的妹妹在他放暑假的時候出生了。

雖然在妹妹出生前很長的一段時間裏，大人們見了寶森都會興奮地和他說：「寶森，你快要當哥哥了，真了不起！」可是，寶森並沒有當回事兒，他從來沒想過當哥哥應該是怎麼樣的。

在醫院裏，寶森第一次見到了妹妹。他的心情有點兒複雜，既期待又緊張，心臟怦怦地跳。

　　「那個躺在牀上的小傢伙就是我妹妹嗎？她長什麼樣……」正想着，爸爸拉着寶森的手走到牀邊說：「看，這是你的妹妹，她好可愛啊，是不是？」

　　眼前的小傢伙很小很小，還沒有寶森的抱抱熊大。臉上皺巴巴的，像個小老頭兒。鼻子扁塌塌的，眼睛緊緊閉着，好像在睡覺，但是嘴巴卻不停地蠕動着，小手也不時地揮舞着。

　　這簡直就是個小怪物，寶森覺得妹妹一點兒也不可愛。

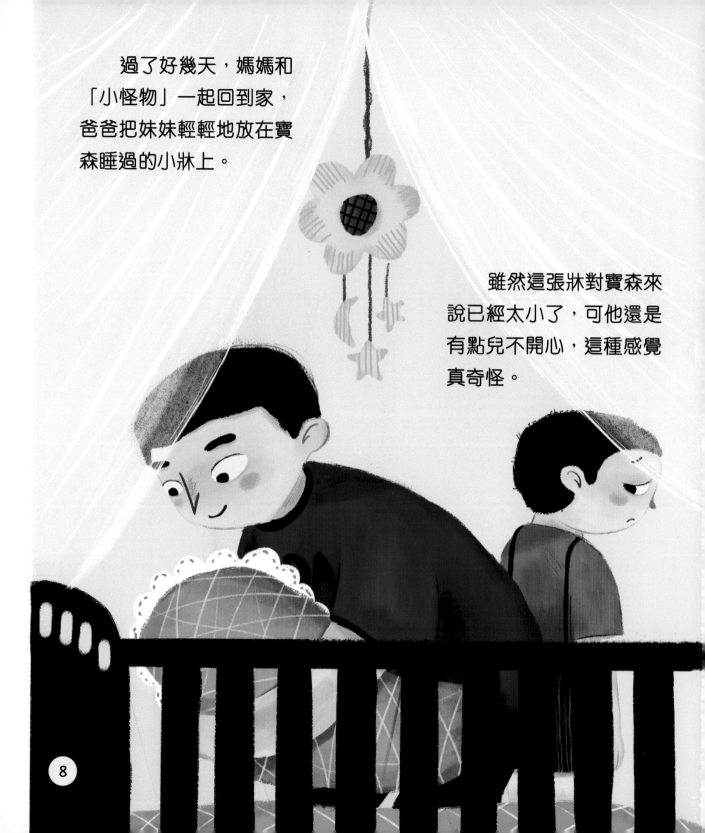

過了好幾天，媽媽和
「小怪物」一起回到家，
爸爸把妹妹輕輕地放在寶
森睡過的小牀上。

雖然這張牀對寶森來
說已經太小了，可他還是
有點兒不開心，這種感覺
真奇怪。

因為媽媽要照顧妹妹，所以寶森只能睡在自己的房間裏。

9

這天夜裏，寶森被一陣啼哭聲吵醒，他不知道那是從哪裏傳來的聲音，周圍漆黑一片。他很害怕，趕忙從牀上爬起來，一路跑向爸爸媽媽的房間。

推開房門，寶森看到妹妹正在「哇哇哇」地放聲大哭，嘴巴張得像青蛙一樣大，臉蛋通紅，還一邊蹬着腿，一邊揮舞着拳頭。

天呢！她的哭聲怎麼那麼大？她一定是個「小怪物」。

接下來的假期裏，寶森只要在家都會偷偷地觀察這個「小怪物」。「小怪物」總是在睡覺，怎麼叫也不理寶森，可她竟然會在夢裏笑，真奇怪！

「小怪物」又哭起來了，喊聲震天，小小的身體竟然能發出這麼大的聲音。

天呀！「小怪物」又拉便便了！臭氣熏天！她一天要拉多少次啊？

「小怪物」又趴在媽媽懷裏吃奶，吧唧吧唧的，每次都要吃好久，她的胃是個無底洞嗎？

大人們總發出咕咕、嘟嘟、喵喵的聲音來和「小怪物」說話，這是她們星球的專屬語言嗎？

「小怪物」竟然睜開眼睛了，我給她一塊薯片，她卻不領情，又把眼睛閉上了。

寶森堅信妹妹一定是從外星球闖到自己家中的「小怪物」，對，沒錯。

暑假終於結束了。剛到學校，寶森就迫不及待地把這個消息分享給大家。「我家來了一個『小怪物』，腦袋那麼大，身體那麼小。」邊說邊比劃着。

「是嗎？那它的樣子可怕嗎？有眼睛和鼻子嗎？」

「有有有，眼睛、鼻子、嘴巴都有，還有一對大耳朵，她的胳膊和腿都細細長長的，小手和小腳有點兒透明，我都不敢碰。」

「寶森，你又胡說，你說的『小怪物』是小寶寶吧？」小魚兒一臉嚴肅地糾正着寶森說的話。

「下個月我要過生日，你們可以來我家親眼看看那個『小怪物』，到時候你們就知道我說的是不是真的了。」寶森氣鼓鼓地說。

生日會當天，為了見識這個「小怪物」，核桃和芝麻兄弟、小魚兒、瑤瑤和小猛獁早早就來到寶森家，他們徑直跑到「小怪物」的牀邊。

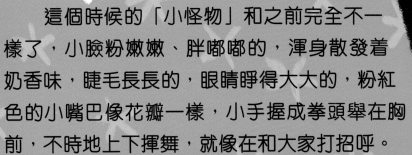

這個時候的「小怪物」和之前完全不一樣了，小臉粉嫩嫩、胖嘟嘟的，渾身散發着奶香味，睫毛長長的，眼睛睜得大大的，粉紅色的小嘴巴像花瓣一樣，小手握成拳頭舉在胸前，不時地上下揮舞，就像在和大家打招呼。

哇，好可愛的小寶寶！

懷孕日記 ♥
第 20 周 3 天

　　生日會正式開始了，寶森的爸爸媽媽拿出一本精美的相冊，裏面記錄了寶森從小到大的成長歷程。

　　第一張就是挺着大肚子的寶森媽媽，媽媽指着相片說：「寶森，你看，那個時候，你正在媽媽的肚子裏睡覺呢！」

「媽媽，我怎麼會在你肚子裏？」

「對啊，阿姨，寶森怎麼跑到你肚子裏的呢？」

「阿姨，你快說說！」小伙伴們紛紛圍過來。

「在媽媽的身體裏有一個地方叫卵巢，那裏有很多能成為小寶寶的種子，叫卵子。」

22

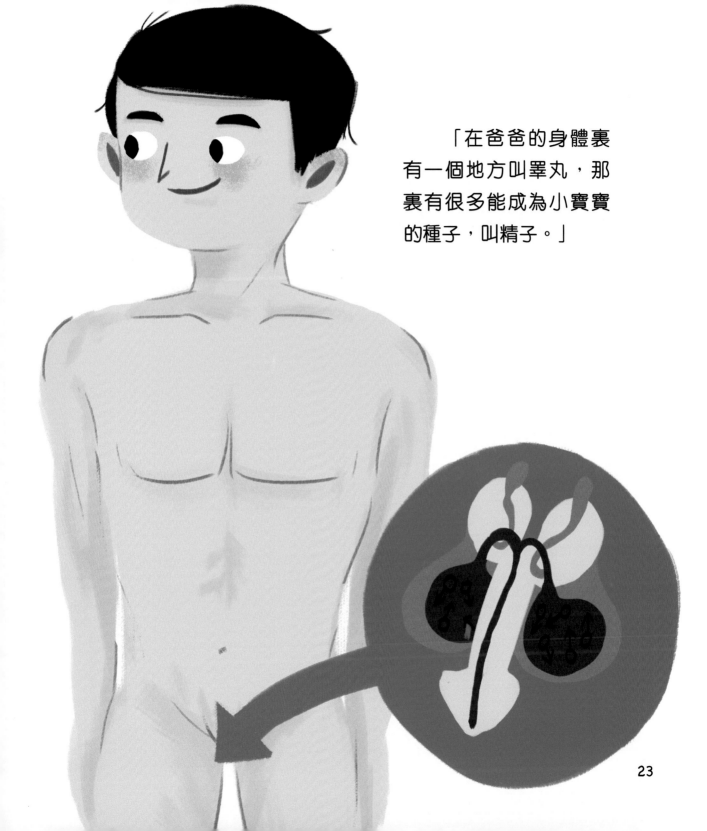

「在爸爸的身體裏有一個地方叫睪丸，那裏有很多能成為小寶寶的種子，叫精子。」

23

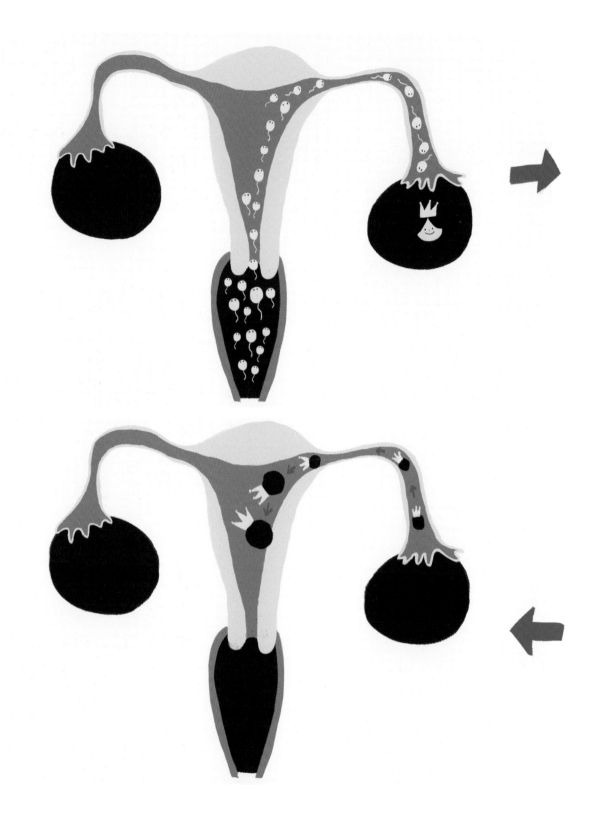

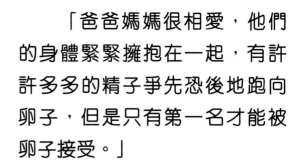

「爸爸媽媽很相愛，他們的身體緊緊擁抱在一起，有許許多多的精子爭先恐後地跑向卵子，但是只有第一名才能被卵子接受。」

「爸爸的那顆冠軍精子與媽媽的一顆卵子相遇，就變成了『受精卵』。」

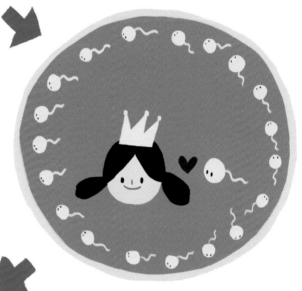

「這顆小小的『受精卵』一邊不斷分裂，一邊朝子宮前進，然後在媽媽的子宮裏安頓下來。接下來，更奇妙的事情就發生了——小寶寶的生命就從這一刻開始了……」

「受精卵不是在一夜之間變成小寶寶的，這需要很長一段時間——至少需要9個月以上，讓小寶寶長得足夠大、足夠強壯，才能降生。」

「第1個月，受精卵形成小胚囊，他的心臟還沒完整發展，但已有心跳的頻率。」

「第2個月，胚胎開始有頭、身體、手、腳的區別，五官都依稀可見了。」

「第3至5個月，胎兒的頭部、身體、雙手、雙腿開始變得清晰可見，手指和頭髮也開始長出來了。」

「第6至8個月，胎兒在媽媽的肚子裏游來遊去，他還能聽到媽媽的聲音呢。他喜歡在媽媽肚裏打滾、翻身、踢腿和吃手。」

「第9至10個月，小寶寶又長大了很多，已經不能在媽媽肚子裏亂動了，他已經做好準備來到這個世界了。」

「雖然小寶寶在媽媽肚子裏看不到外面的世界，但他可以通過媽媽了解外面的一切，和媽媽一起做所有的事情。

小寶寶住在媽媽的子宮裏，他是通過臍帶和媽媽連接在一起的。他通過臍帶吸收氧氣和營養物質，一天天健康長大。

在小寶寶周圍，是一個叫作羊膜的袋子，它裏面充滿着像水一樣的液體，叫作羊水。羊水可以保護寶寶的安全，寶寶可以懸浮其中，還可以在羊水中自在地游泳。」

「小寶寶即將出生的時候，媽媽會感覺肚子很痛。這是因為，原本隨着寶寶一起長大的子宮會一點點縮小，這個過程就叫『陣痛』。媽媽會用盡所有的力氣，小寶寶也會和媽媽一起加油、使出所有的力氣，直到被『擠出來』。」

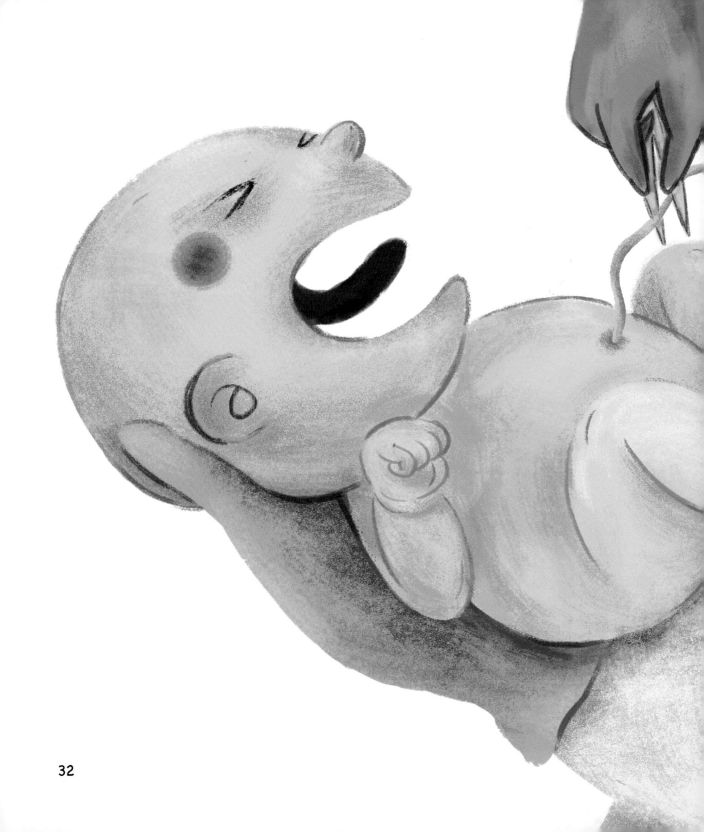

「當媽媽生出小寶寶後，醫生會剪斷臍帶，肚臍眼就是臍帶脫落後留下的疤痕。你們可以摸一摸自己的小肚子，每個人都有啊，這就是你們在媽媽肚子裏生活過的印記。」

「出生之後，當寶寶發出第一聲啼哭時，就說明他開始正常呼吸了。這時，小寶寶不再需要通過臍帶吃東西，他可以自己吮吸媽媽的乳汁了。」

　「因為寶寶一直生活在羊水裏，所以皮膚被泡得皺巴巴的，不過，過一段時間就好了。

　　剛出生的寶寶還沒有白天和黑夜的概念，所以他們想什麼時候睡覺就什麼時候睡覺，想什麼時候吃奶就什麼時候吃奶。

　　他們雖然能聽到別人說話，但是還聽不懂，自己也不會說，所以當他想吃奶、想睡覺、想尿尿、想便便的時候，就只能放聲大哭。哭就是他們最初的語言。

　　所以，寶森，你不要再說妹妹像小怪物了，你剛出生的時候也是這樣啊！」

「有的動物寶寶剛出生幾天，甚至幾個小時，就會飛、會走路了，和動物不同，人類的小寶寶通常要等一年左右才能學會走路。寶森，你看，這些照片就是從你剛出生到你1歲前的樣子。」

1 個月的寶森

3 個月的寶森

1 個月，躺在牀上。
3 個月，學會翻身。
8 個月，學會爬行。
10 個月，扶着東西站起來。
12 個月，學會走路。

「寶森小時候和妹妹好像呀，他們的耳朵一模一樣，都好大！哈哈！」小魚兒笑着說。

10 個月的寶森

12 個月的寶森

「這是因為在我們的身體裏有一種叫遺傳基因的物質，遺傳基因保存着爸爸、媽媽的特質，並將這些特質傳給了寶寶。小寶寶會同時獲得爸爸、媽媽雙方的遺傳基因，寶森和妹妹的大耳朵就很像他們的爸爸。不過其他地方，他們兩個長得就不一樣了，寶森的單眼皮像爸爸，妹妹的大眼睛就很像媽媽。是不是很神奇？」

核桃和芝麻兄弟相互看了一眼，說：「我們是雙胞胎，長得一模一樣。媽媽說我們幾乎是同時出生的，那我們也是同時跑進媽媽肚子裏的嗎？」

　　「哇哇哇──哇哇哇──」忽然傳來一陣哭聲，「寶森，你妹妹真是個大嗓門！」大家異口同聲地說。

哇 哇 哇……

「小寶貝一定是餓了。」寶森媽媽邊說邊匆匆忙忙地走出去。

機靈的芝麻說：「小猛獁，你肯定知道，你來告訴我們吧！」

小猛獁接過寶森媽媽的話，繼續說：「核桃、芝麻你們說得沒錯，你們也是由爸爸、媽媽的精子和卵子結合成的受精卵發育形成的，只不過這顆受精卵很幸運，在分裂的過程中形成了兩個獨立的胚胎細胞，然後就發育成兩個小寶寶了。因為你們是同一顆精子和卵子發育而來的，所以你們具有相同的遺傳基因，長得幾乎一模一樣！」

「在媽媽肚子
裏時，我們就生活在
一起了，真好玩！哈
哈！」核桃和芝麻默
契地頂了頂頭。

和寶森、妹妹一樣，每個孩子都是爸爸、媽媽愛情的結晶，他們都是由一顆小小的種子發育而成的，從降臨到人間的那一刻起，就開始成長。在爸爸、媽媽的悉心照顧下，不知不覺地長大，學會走路、說話、自由奔跑，然後入學……

每個孩子都是這樣長大的，但是每一個人都是世界上獨一無二的。即使是雙胞胎，在爸爸、媽媽心中，他們每一個都是最特別的！

43

給家長的話

「媽媽，我是從哪裏來的？」，相信我們小時候也問過媽媽同樣的問題吧。那麼，什麼才是滿分答案呢？

「爸爸和媽媽很相愛，所以就結婚了，然後爸爸把一顆愛的種子放進了媽媽的肚子裏，這顆種子在媽媽肚子裏慢慢長大，待了將近10個月，你就出生了。」

回答這個問題只要遵循以下原則，就可以避免尷尬：

💜 **尊重科學事實：** 當孩子問這個問題的時候，父母不要哄騙孩子，現在的孩子普遍成熟得早，父母採用哄騙的方式，對他的成長沒有好處。父母應該實事求是，告訴孩子是從媽媽的肚子裏生出來的，孩子要更加愛媽媽。當然如果孩子更細緻地詢問時，媽媽可以根據孩子的年齡再作適當的解釋。

♥ **正視問題：**關於這個問題，有些父母感覺難以啟齒，所以會採取迴避的態度。但是父母要明白，孩子的好奇心非常重，一旦父母過度迴避，反而會引起孩子過度的探索慾，很容易導致孩子性早熟，向不正確的方向發展。所以面對這個問題，父母沒有必要遮遮掩掩。

♥ **適當開始性教育：**現在的社會，性騷擾、性侵犯事件屢屢發生，在此背後，首要是醜惡犯罪者的責任，還有就是大多數孩子缺乏性教育知識。所以，父母可以適當地教孩子一些性知識，讓孩子學會更好地保護自己，讓孩子了解自己的私隱部位，還要強調私隱部位不能隨便讓別人碰。另外，還可以適當地讓孩子知道，自己是在媽媽的肚子裏生長、經過產道出生的，滿足孩子的好奇心，也增加孩子的性知識，用知識裝備自己，更好地自我保護。

兒童性教育啟蒙故事
媽媽，我從哪裏來？

作　　者：湖心
繪　　圖：果子
責任編輯：黃花窗
美術設計：張思婷
出　　版：新雅文化事業有限公司
　　　　　香港英皇道499號北角工業大廈18樓
　　　　　電話：（852）2138 7998
　　　　　傳真：（852）2597 4003
　　　　　網址：http://www.sunya.com.hk
　　　　　電郵：marketing@sunya.com.hk
發　　行：香港聯合書刊物流有限公司
　　　　　香港荃灣德士古道220-248號荃灣工業中心16樓
　　　　　電話：（852）2150 2100
　　　　　傳真：（852）2407 3062
　　　　　電郵：info@suplogistics.com.hk
印　　刷：中華商務彩色印刷有限公司
　　　　　香港新界大埔汀麗路36號
版　　次：二〇二二年七月初版
　　　　　二〇二四年九月第二次印刷

ISBN : 978-962-08-8034-6
Traditional Chinese Edition © 2022 Sun Ya Publications (HK) Ltd.
18/F, North Point Industrial Building, 499 King's Road, Hong Kong
Published in Hong Kong SAR, China
Printed in China